Realtà e Poesia

Enza Mineo

Alessandro Marinelli

Viversi
EDIZIONE

Foto realizzate dal fotografo Alessandro Marinelli che ringraziamo per la concessione dell'utilizzo.

Viversi Edizione è un marchio del Gruppo Editoriale WritersEditor.
www.gruppowriterseditor.it
direzione@gruppowriterseditor.it
@Gruppo Editoriale WritersEditor 2023
Roma 00132
Prima Edizione 2023

Realtà è poesia, recita il titolo di questa raccolta di immagini e parole, perché la poesia si nutre di realtà e di verità, anche se risulta difficile definire cosa sia verità, soprattutto quando si parla di arte che fonda la sua essenza sull'immaginazione, cioè quella capacità di creare, plasmare, "fingere" nel senso latino, cioè "dare forma" a qualcosa.

Si entra, così, nel complesso rapporto fra finzione, immaginazione e rappresentazione; si percorre, cioè, quella linea sottile che separa la verità dalla rappresentazione artistica, filtrata attraverso la sensibilità dell'artista che "finge" usando tanto la penna quanto una macchina fotografica, come testimonia questa raccolta di poesie e di fotografie, nella quale le une si rispecchiano nelle altre e viceversa.

La penna di Enza trascrive i segreti segnali che la natura manda e che solo il poeta, veggente come Cassandra, sa cogliere.

La macchina fotografica di Alessandro Marinelli ha il potere di fermare il tempo e cogliere l'attimo, immortalandolo in una fotografia che permetta di riviverlo infinite volte, ma mai in modo sempre uguale.

Fotografare, afferma Alessandro Marinelli, significa immortalare un momento che poi, solo ad una successiva e più attenta osservazione, può rivelare cosa ha attratto il suo primo sguardo.

Fotografare, per lui, è catturare la realtà dal profondo, è un modo per guardarsi dentro, una scorciatoia per scoprire "la verità che giace al fondo", direbbe Saba, al di là della corazza che ci si costruisce da adulti e che spesso inibisce la propria facoltà immaginativa.

Tanto le parole, quanto le immagini volano "al di là" di ciò che rappresentano, per usare un'espressione tratta da una poesia della raccolta. "Volano, sorvolano, scavalcano, si inerpicano, superano", come Enza scrive in "Al di là", appunto.

Ed è in questo superamento del particolare, grazie alla loro capacità di fingere e rappresentare, che una poesia o una fotografia possono diventare universali, parlando a tutti gli uomini e rivelando a ciascuno qualcosa di sé.

Roberta Mineo

A mio marito, da 50 anni le mie ali
Enza Mineo

Ad Erika per la felicità nel suo sorriso
Alessandro Marinelli

Nella poesia, la vita è ancora più vita che la vita stessa.
(Vissarion G. Bielinskij)

Portici

BANDIERE

Intreccio parole,
le tesso,
ne faccio bandiere;
libere le faccio sventolare
al di sopra
di questi tempi muti.

Occhi di donna

NIKA SHAKARANI

Ti vedo
tutta luce,
nel sole correre e cantare
con neri, lunghi,
capelli sciolti al vento:
"Sono piena di desideri".

Ti vedo
a piedi nudi
e nudo il corpo acerbo
ricoperto da un velo
candido, sottile, trasparente,
correre cantando
"Sono piena di desideri".

Ti vedo
e penso a questo mondo
perso, bruto, bigotto
che t'ha rubato la vita
mentre cantavi:
"Sono piena di desideri"

Ti vedo
e dal sangue tuo,
prezioso e sparso,
libertà vedo spuntare come gemma sui rami.
Nel tuo nome
tutte canteranno:
"Sono piena di desideri".

Uno squarcio all'orizzonte

IL GIORNO

Spunta nell'anima
prima che in cielo
la luce del giorno.
Spariti
i cupi presagi notturni,
rischiara la vita
la speranza nel domani.
Tutto diventa chiaro,
vividi splendono i colori.
Incontro ci corre la vita:
ieri
diventa la notte,
gettata alle spalle
inutile zavorra;
oggi
viviamo l'attimo
che, solo, è nostro.

Resilienza

CHIMERE

Sono gemme,
sull'albero spoglio
ormai
della mia vita,
i sogni di serenità
sempre agognata.
Desiderare
ricchezze o fama
non è da me,
la pace, quella si
tutta la vita ho cercata
Ma sono gemme abortite,
sull'albero spoglio
ormai
della mia vita,
queste chimere.

Mosaico

AL DI LÀ

Volano tutte le parole
per raggiungere chi sente;
volano per andare lontano;
volano per seminare
i loro semi.
Più d'ogni altra
volano le parole
al di là!
Volano e sorvolano,
scavalcano,
si inerpicano,
superano,
terrore d'ogni ostacolo
cosciente di non resistere.

Hanno una sola patria,
il rispetto, e a lei
ogni diversità,
ogni divergenza
riconducono.
Curiose,
mai si fermeranno,
cercheranno,
scaveranno
fino a trovare
la verità vera.

Guerre dimenticate

ANTICO MOSTRO

L'antico mostro
ci ha accecati ancora,
ci ha spento gli occhi
della memoria:
soprusi, violenze,
delitti, orrori,
morti di ieri
ipocritamente evocati,
commemorati,
strumentalizzati,
già dimenticati!
Ed ecco,
il mondo grida guerra
ancora.

Margherite

PETALI PREZIOSI

Tutta la poesia del mondo
vive fra i petali
d'una margherita.
In lei
fascino e purezza,
maestosità e modestia,
debolezza e resilienza.
Guardi una margherita
e ti stupisci:
vive fra i suoi petali
il segreto della felicità.

Mai più

CASSANDRA

Predico sventure,
nessuno mi vuole compagna
Se dico: "In cielo
sta scritta ogni cosa",
nessuno m'ascolta.
Manda segnali la natura,
soltanto io vedo.
Se dico: "Vicina è la fine",
mi chiamano folle.
Sono Cassandra,
sono arte,
poesia,
predico sventure,
nessuno mi crede.
Dicono:
"Meglio morire godendo!"

La ragazza e la luna

INDIFFERENTE LUNA

Algida, muta, imperscrutabile,
questo mondo malato
indifferente guardi.
Chissà che pensi,
chissà che vedi
dello stolto cammino
degli uomini che ospiti
si credono padroni.
Omuncoli senza Dio,
empatia, stupore,
che trascinano la vita
senza l'orgoglio di un no.

Altri, pochi,
combattono anche per loro.
Ma algida, muta,
imperscrutabile,
questo mondo malato
indifferente guardi
commiserandolo.

Con il cuore nella valigia

MIGRARE

Si stagliano in cielo
degli uccelli migranti
gli stormi.
Di danze sinuose
ricamano l'aria
tessendo l'addio.
Indugiano...
Soffrono forse?
Li capisco,
non è indolore
partire,
cambiare,
lasciare.
Ma, se ogni lacrima accade,
volontà è ogni sorriso
e io all'ignoto sorrido
sperando sia clemente.

Bologna

LA PIAZZA DEL PAESE

Il cicaleccio
della piazza del paese,
al mattino,
penetra dalla finestra.
Di un nuovo giorno
racconta,
di nuove storie,
speranze,
forse delusioni
che al tramonto
troveranno pace
affidandosi ad un nuovo domani.
Quieta è la notte
della piazza del paese che,
spente le luci della realtà,
veglia sui sogni.

Pincio

PIOGGIA D'ESTATE

Solo uno sprazzo d'azzurro
fra le nuvole grigie.
La prima pioggia d'estate!
Le prime gocce
non toccano terra e,
come pensieri abbozzati,
evaporano nell'aria.
Era caldo il sole,
l'aria afosa,
irrespirabile;
mette buonumore,
adesso,
un venticello
appena accennato.

Non pone fine
la pioggia all'estate
come, per sempre,
non soffoca la gioia
un dispiacere.

Giorno d'estate

MOMENTO

Lo capisci
quando arriva il momento.
Non lotti più,
soltanto accogli,
finalmente perdoni.
Lo capisci
quando arriva:
momento dei momenti,
è diverso dal resto dei giorni,
sacro,
richiede meditazione,
silenzio.

Attesa

I GATTI

Chissà perché
i gatti amano i tetti.
Sarà la vicinanza al cielo
che cercano, oppure,
la lontananza dal mondo,
chissà...
Vivono la notte i gatti
miagolando alla luna.
Strane creature...
M'incutono timore!
Negli occhi fissi guardano,
pare ti leggano il cuore.
Come certe persone
t'ammaliano
facendo le fusa,
convincendoti
che è solo per te
il loro amore;
d'improvviso, poi,
voltano le spalle
e vanno via.
Tornano a vagabondare
sui tetti della vita,
anime che non avranno
mai padrone.

La ragazza di Panama

SCENA

Solo io conosco
il mio mostro,
solo a me si palesa.
Mimetizzato
nella giungla del mio petto
non si vede dagli occhi.
L'anima dagli occhi
si rivela,
non il mio mostro
che fugge anima
e luce.
La commedia è salva,
si va in scena.

Dal ponte

L'OMBRA

M'insegna
la mia ombra
quanto io sia piccolo
e quanto siano piccole
le cose che mi opprimono
del mondo.
Quanto sono presuntuoso,
m'insegna,
se, anche lei che è nulla,
è più grande di me.

Solitudine

MARE D'INVERNO

È puro
il mare d'inverno,
ha un profumo
più intenso.
È libero,
è pienamente
sé stesso.
È più sincero,
grida forte la sua verità.
Invita
il mare d'inverno
all'autenticità.

Felicità

SORRISO

Il sorriso,
il più dolce del mondo,
straordinario
biglietto da visita,
parla di me;
delle lacrime, tante, versate,
delle dolci nottate,
dei canti liberanti,
delle vinte sconfitte!
Di poveri abbandoni,
di ricchezza trovate,
del nuovo modo
di vedere i miei anni,
delle mille parole
ch'ho scritto
alleggerendomi il cuore.

La bella addormentata

ANSIA DI VIVERE

Colleziono tramonti,
giornate finite.
Bevo il tempo
trangugiandolo
a lunghi sorsi,
quasi come
a volerlo esaurire.
L'ansia di vivere
è droga
che stordisce e inganna
promettendo un domani
che non c'è ancora,
e forse mai sarà,
boicottando il presente.

Amici

UN MOMENTO UNA VITA

È un momento così,
un momento che dura
da tutta una vita: sentirsi
un equivoco,
un dovrei essere ma non sono.
Vivere in potenza,
non trovare mai la misura, l'abito giusto,
la giusta situazione. Eppure, vivo!
O, soltanto, respiro?

Via indipendenza

CAMBIAMENTO

Giovane,
mi tuffavo nella folla.
Mi tuffavo
dov'era più fitta,
frenetica,
ingorgata,
vociante.
Era la folla la mia droga:
stordiva il frastuono
l'ansia,
il dolore,
la rabbia
d'un'adolescente inquieta.

Cresciuta,
ansia, dolore, rabbia,
non m'hanno abbandonata
ma la mia inquietudine
solitudine chiede;
cerca il mio mare,
la sua spiaggia,
i suoi sassi riarsi.

Dal buio

ANTICIPO D'ETERNITÁ

Nulla
dura in eterno
in questa vita!
il primo raggio al mattino,
della notte il buio,
la rosa in boccio,
la farfalla in volo,
ogni età dell'uomo,
ogni suo sentimento,
tutto
di caducità racconta.

Nulla
dura in eterno
in questa vita
ma ogni cosa è
irripetibile
anticipo d'eternità.

Tra mare e scogli

GODO L'ATTIMO

Vele bianche sull'orizzonte del mio avvenire.
Alle mie spalle,
sulla terra ferma, ombre che minacciano ritorno.
Io, sulla spiaggia,
mi godo il mio raggio di sole e quest'attimo di pace.

Vivida

LA ME

"Non portare
a mare chiunque",
io porto me!
Compagna perfetta,
sempre presente,
sincera, cruda se serve;
mai zitta
mi spiega a me stessa.
Se solo l'ascoltassi...
I miei errori
responsabilità mia
soltanto.

Vertigine

UN ATTIMO SOLTANTO

Non è un cerchio,
né spirale discendente
o ascendente
il tempo.
È semiretta
di sicuro inizio
e infinita vita,
ma è concesso a noi
viverne un attimo
a volta, soltanto:
in quell'attimo
tutto si gioca!

Il boss

DAVIDE E GOLIA

Sono Davide Signore.
Ascoltami propizio:
benedici questo mio sasso,
dirigi la mia mano,
raddrizza la mia mira,
dà slancio alla mia fionda.
Ferma l'invasore Golia,
placa la sua collera,
sferza le sue ossa,
trattieni la sua mano.
Illuminaci entrambi,
aprici del cuore gli occhi,
mostraci fratelli,
insegnaci il perdono.

Sono Davide e sono Golia
Signore,
ascoltami propizio!

Distrazioni

SALPIAMO

Salpiamo!
Conosco la strada
che all'orizzonte
ci porterà sicuri.
Salpiamo
ora ch'è tempo propizio
e soffia il vento.
Salpiamo
prima che la sera
di nero tinga il giorno.
Ci restano
soltanto poche ore.
Salpiamo
o nel rimpianto vivremo
d'ora in poi:
venuta la notte,
calato il vento,
smarrito l'orizzonte,
non ci resterà
ch'ancorare
in questa mota.

Non chiudere gli occhi

CHIEDO A TE

Mille domande

mi pone il cuore,

arduo trovare

le risposte

in questo mondo,

allora chiedo a te,

Signore Dio.

Tu che facesti

dell'umanità in peccato

Sacra Adunanza,

dimmi Padre buono:

la Chiesa oggi

è ancora quella

che riscattò il Tuo sangue?

Mi guardo intorno,

nell'aula ecclesiale,

e vedo e so

per prima io ho mancato.
Mi chiedo:
s'escludo uno ad uno

ogni peccato,

chi resta qui a lodare?

Neanche il prete!

Se non escludo

nessuno che ha peccato,

è giusto che tutti

qui restiamo?

Allora chiedo a Te,

Sapienza eterna:

a tutti chiudo

o per tutti apro e poi

pecore e capri con te

se la vedranno,

così che io accolgo

e giudichi tu solo?

Che faccio,

aggiungo o tolgo?

Questo corpo di Cristo

di quali membra è

fatto?

Quelle sane soltanto

o tutte...

Mille domande

mi pone il cuore,

arduo trovare le

risposte

in questo mondo,

Allora chiedo a te,

Signore Dio,

rispondi!

Dal basso

AUTOLESIONISMO

Abbigliamento nero
come il vuoto
che dentro mi marcisce;
chiuso in me stesso,
vivo fuori dal mondo
che mi dà il vomito e temo;
fra mille perché
senza risposta alcuna
respiro angoscia.
Il grido del dolore
che m'inferisco
è urlo di silenzio.
Soluzione non vedo
a ogni problema
e l'autunno
di tristezza mi parla,
della natura
che s'appresta a morire.

E, come ogni foglia,
m'accartoccio anch'io
e mi contorco
e muoio
di depressione,
di malinconia.

La leggenda di Rosaspina

MIA ROSA

Incurante delle spine,
che mi penetrano il petto,
forte ti stringo
mia rosa.
Perché
strazio ed estasi
è l'amore,
in mutua immanenza
inferno e paradiso.
Gioia e dolore,
in amore,
sono gemelli siamesi
con un unico cuore,
eternamente inseparati
come il tuo profumo
e le tue spine
mia rosa.

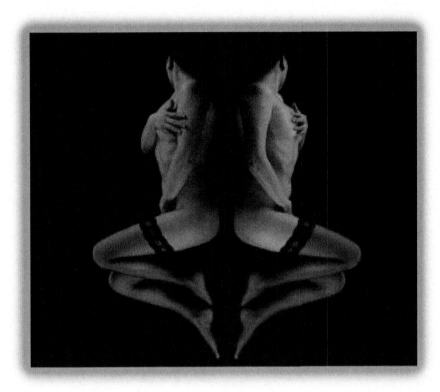

Crisalide

HAIKU

Anime gemelle
senza mai conoscersi
riconoscersi.

Biografia

Enza Mineo, palermitana, da sempre appassionata di lettura e di scrittura, negli anni ha pubblicato le seguenti opere: "Della terra, del cielo e di quanto essi contengono", "Umili papaveri", "Scatti di poesia" e "La forma del sentire". Collabora con le raccolte antologiche "Versi diversi - Sentimenti", " Il cuore e le sue parole - racconti e poesie" e "L'arcobaleno".

I temi delle sue poesie riguardano l'universo umano, indagato in ogni suo aspetto.

È membro di "Artecentrismo" il cui scopo specifico è la connessione fra le varie arti, e ha coinvolto nelle sue raccolte poetiche, pittori e fotografi.

Alessandro Marinelli è nato a Roma nel '75, bolognese di adozione, lavora in qualità di informatico. Nerd convinto, amante degli anni '80 e dell'analogico, ha una passione per i giochi di ruolo e per la fotografia. Amante della lettura fin dalla tenera età, è sempre stato affascinato dalla scrittura fino a quando non ha deciso di cimentarsi personalmente in tale arte.

Ha pubblicato alcuni racconti brevi "A mani nude" e "Fermata a richiesta" e nel settembre 2023 uscirà il suo primo romanzo "Da come cammini".

Ringraziamenti

Ringrazio il Gruppo Editoriale WritersEditor per aver accolto e pubblicato questa mia opera.

Ringrazio l'amico Alessandro Marinelli senza le cui foto non sarebbero nate le mie poesie.

Ringrazio quanti vorranno regalarmi un po' del loro tempo leggendo questa raccolta e quanti vorranno esprimere il loro parere su quanto leggeranno.

Ringrazio mio marito che sempre condivide con me la fatica di una nuova pubblicazione.

Ringrazio mia figlia che ha scritto la presentazione di tutte le mie raccolte poetiche.

Alessandro Marinelli ringrazia Alina, Emanuela, Erika e Roberto che hanno posato per lui.

Indice

Printed in Great Britain
by Amazon